初中必背
古诗文

楷书 — 行楷

吴玉生 书 华夏万卷 编

132篇

班级：_____ 姓名：_____

上海交通大学出版社
SHANGHAI JIAO TONG UNIVERSITY PRESS

编 写 说 明

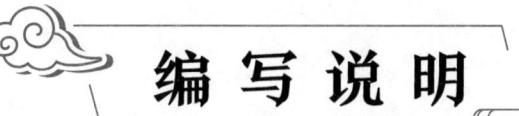

　　中国文化博大精深，内涵深刻，意存高远。近年来，国家大力弘扬优秀传统文化，古诗文作为中国传统文化的重要载体和工具，选入教材中的篇目明显增加，各阶段考试对古诗文的考查比重也持续提升。中学阶段是人生观和价值观形成的重要时期，背诵和书写大量优秀的古诗文，能够帮助我们在巩固所学知识的同时，提高自身文化修养。

　　《中小学书法教育指导纲要》针对不同学段的写字教育制定了非常明确的目标与要求："初中阶段，学写规范、通行的行楷字。高中阶段，可以学习用硬笔书写行书，力求美观。"本书依据《中小学书法教育指导纲要》的精神，依托新课程标准，收录初中课程标准推荐背诵篇目 132 篇。由标准行楷规范书写人吴玉生书写范字，楷书规范，行楷美观，由楷书过渡到行楷，帮助书写者打好行楷基础，提高书写速度。

为了方便大家更好地使用本书，现将本书的特色及栏目介绍如下:

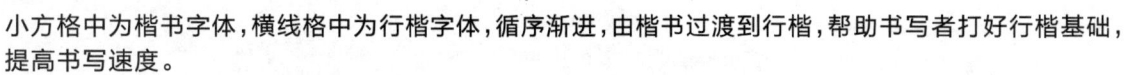

楷书 + 行楷
小方格中为楷书字体,横线格中为行楷字体,循序渐进,由楷书过渡到行楷,帮助书写者打好行楷基础,提高书写速度。

理解性默写
设置理解性默写小栏目,帮助学生提前适应考试新题型。

作品欣赏、作品纸
随书附赠彩色书法作品纸 8 页,可供临摹、书写,感悟名家书写魅力。

作者信息
设置作者信息栏,标注作者及其朝代,多角度诵记古诗词。

华夏万卷提醒您
扫码了解更多详情

目录

contents

楷 书

余立侍左右，援疑质理，俯身倾耳以请；或遇其叱咄，色愈恭，礼愈至，不敢出一言以复；俟其欣悦，则又请焉。故余虽愚，卒获有所闻。

湖心亭看雪(节选)

〔明〕张　岱

崇祯五年十二月，余住西湖。大雪三日，湖中人鸟声俱绝。是日更定矣，余挐一小舟，拥毳衣炉火，独往湖心亭看雪。雾凇沆砀，天与云与山与水，上下一白，湖上影子，惟长堤一痕、湖心亭一点、与余舟一芥、舟中人两三粒而已。

河中石兽(节选)

〔清〕纪　昀

一老河兵闻之，又笑曰："凡河中失石，当求之于上流。盖石性坚重，沙性松浮，水不能冲石，其反激之力，必于石下迎水处啮沙为坎穴。渐激渐深，至石之半，石必倒掷坎穴中。如是再啮，石又再转。转转不已，遂反溯流逆上矣。求之下流，固颠；求之地中，不更颠乎？"如其言，果得于数里外。然则天下之事，但知其一，不知其二者多矣，可据理臆断欤？

不枝，香远益清，亭亭净植，可远观而不可亵玩焉。

予谓菊，花之隐逸者也；牡丹，花之富贵者也；莲，花之君子者也。噫！菊之爱，陶后鲜有闻。莲之爱，同予者何人？牡丹之爱，宜乎众矣。

记承天寺夜游

〔宋〕苏 轼

元丰六年十月十二日夜，解衣欲睡，月色入户，欣然起行。念无与为乐者，遂至承天寺寻张怀民。怀民亦未寝，相与步于中庭。庭下如积水空明，水中藻、荇交横，盖竹柏影也。何夜无月？何处无竹柏？但少闲人如吾两人者耳。

送东阳马生序(节选)

〔明〕宋 濂

余幼时即嗜学。家贫，无从致书以观，每假借于藏书之家，手自笔录，计日以还。天大寒，砚冰坚，手指不可屈伸，弗之怠。录毕，走送之，不敢稍逾约。以是人多以书假余，余因得遍观群书。既加冠，益慕圣贤之道。又患无硕师名人与游，尝趋百里外，从乡之先达执经叩问。先达德隆望尊，门人弟子填其室，未尝稍降辞色。

楷书

古诗

关 雎

《诗经》

关关雎鸠，在河之洲。窈窕淑女，
君子好逑。参差荇菜，左右流之。窈窕
淑女，寤寐求之。求之不得，寤寐思服。
悠哉悠哉，辗转反侧。参差荇菜，左右
采之。窈窕淑女，琴瑟友之。参差荇菜，
左右芼之。窈窕淑女，钟鼓乐之。

蒹 葭

《诗经》

蒹葭苍苍，白露为霜。所谓伊人，
在水一方。溯洄从之，道阻且长。溯游
从之，宛在水中央。蒹葭萋萋，白露未
晞。所谓伊人，在水之湄。溯洄从之，道
阻且跻。溯游从之，宛在水中坻。蒹葭
采采，白露未已。所谓伊人，在水之涘。
溯洄从之，道阻且右。溯游从之，宛在
水中沚。

客来饮于此，饮少辄醉，而年又最高，故自号曰醉翁也。醉翁之意不在酒，在于山水之间也。山水之乐，得之心而寓之酒也。

若夫日出而林霏开，云归而岩穴暝，晦明变化者，山间之朝暮也。野芳发而幽香，佳木秀而繁阴，风霜高洁，水落而石出者，山间之四时也。朝而往，暮而归，四时之景不同，而乐亦无穷也。

至于负者歌于途，行者休于树，前者呼，后者应，伛偻提携，往来而不绝者，滁人游也。临溪而渔，溪深而鱼肥，酿泉为酒，泉香而酒洌，山肴野蔌，杂然而前陈者，太守宴也。宴酣之乐，非丝非竹，射者中，弈者胜，觥筹交错，起坐而喧哗者，众宾欢也。苍颜白发，颓然乎其间者，太守醉也。

爱莲说

〔宋〕周敦颐

水陆草木之花，可爱者甚蕃。晋陶渊明独爱菊。自李唐来，世人甚爱牡丹。予独爱莲之出淤泥而不染，濯清涟而不妖，中通外直，不蔓

式微

《诗经》

式微式微，胡不归，微君之故，胡
为乎中露，式微式微，胡不归，微君之
躬，胡为乎泥中？

子衿

《诗经》

青青子衿，悠悠我心。纵我不往，
子宁不嗣音，青青子佩，悠悠我思。纵
我不往，子宁不来，挑兮达兮，在城阙
兮。一日不见，如三月兮！

观沧海

〔东汉〕曹　操

东临碣石，以观沧海。水何澹澹，
山岛竦峙。树木丛生，百草丰茂。秋风
萧瑟，洪波涌起。日月之行，若出其中；
星汉灿烂，若出其里。幸甚至哉，歌以
咏志。

龟虽寿

〔东汉〕曹　操

神龟虽寿，犹有竟时；腾蛇乘雾，

楫摧，薄暮冥冥，虎啸猿啼。登斯楼也，则有去国怀乡，忧谗畏讥，满目萧然，感极而悲者矣。

至若春和景明，波澜不惊，上下天光，一碧万顷，沙鸥翔集，锦鳞游泳，岸芷汀兰，郁郁青青。而或长烟一空，皓月千里，浮光跃金，静影沉璧，渔歌互答，此乐何极！登斯楼也，则有心旷神怡，宠辱偕忘，把酒临风，其喜洋洋者矣。

嗟夫！予尝求古仁人之心，或异二者之为，何哉？不以物喜，不以己悲，居庙堂之高则忧其民，处江湖之远则忧其君。是进亦忧，退亦忧。然则何时而乐耶？其必曰"先天下之忧而忧，后天下之乐而乐"乎！噫！微斯人，吾谁与归？时六年九月十五日。

醉翁亭记(节选)

〔宋〕欧阳修

环滁皆山也。其西南诸峰，林壑尤美，望之蔚然而深秀者，琅琊也。山行六七里，渐闻水声潺潺，而泻出于两峰之间者，酿泉也。峰回路转，有亭翼然临于泉上者，醉翁亭也。作亭者谁？山之僧智仙也。名之者谁？太守自谓也。太守与

终为土灰。老骥伏枥,志在千里,烈士暮年,壮心不已。盈缩之期,不但在天,养怡之福,可得永年。幸甚至哉,歌以咏志。

竹里馆

〔唐〕王　维

独坐幽篁里,弹琴复长啸。

深林人不知,明月来相照。

行军九日思长安故园

〔唐〕岑　参

强欲登高去,无人送酒来。

遥怜故园菊,应傍战场开。

池　上

〔唐〕白居易

小娃撑小艇,偷采白莲回。

不解藏踪迹,浮萍一道开。

登幽州台歌

〔唐〕陈子昂

前不见古人,后不见来者。

念天地之悠悠,独怆然而涕下!

呼！其真无马邪？其真不知马也！

陋室铭

〔唐〕刘禹锡

山不在高，有仙则名。水不在深，有龙则灵。斯是陋室，惟吾德馨。苔痕上阶绿，草色入帘青。谈笑有鸿儒，往来无白丁。可以调素琴，阅金经。无丝竹之乱耳，无案牍之劳形。南阳诸葛庐，西蜀子云亭。孔子云：何陋之有？

小石潭记（节选）

〔唐〕柳宗元

从小丘西行百二十步，隔篁竹，闻水声，如鸣珮环，心乐之。伐竹取道，下见小潭，水尤清冽。全石以为底，近岸，卷石底以出，为坻，为屿，为嵁，为岩。青树翠蔓，蒙络摇缀，参差披拂。

潭中鱼可百许头，皆若空游无所依，日光下澈，影布石上。佁然不动，俶尔远逝，往来翕忽，似与游者相乐。

岳阳楼记（节选）

〔宋〕范仲淹

若夫淫雨霏霏，连月不开，阴风怒号，浊浪排空，日星隐曜，山岳潜形，商旅不行，樯倾

送杜少府之任蜀州

〔唐〕王 勃

城阙辅三秦，风烟望五津。

与君离别意，同是宦游人。

海内存知己，天涯若比邻。

无为在歧路，儿女共沾巾。

次北固山下

〔唐〕王 湾

客路青山外，行舟绿水前。

潮平两岸阔，风正一帆悬。

海日生残夜，江春入旧年。

乡书何处达，归雁洛阳边。

使至塞上

〔唐〕王 维

单车欲问边，属国过居延。

征蓬出汉塞，归雁入胡天。

大漠孤烟直，长河落日圆。

萧关逢候骑，都护在燕然。

望 岳

〔唐〕杜 甫

岱宗夫如何？齐鲁青未了。

至于夏水襄陵，沿溯阻绝。或王命急宣，有时朝发白帝，暮到江陵，其间千二百里，虽乘奔御风，不以疾也。

春冬之时，则素湍绿潭，回清倒影，绝𪩘多生怪柏，悬泉瀑布，飞漱其间，清荣峻茂，良多趣味。

每至晴初霜旦，林寒涧肃，常有高猿长啸，属引凄异，空谷传响，哀转久绝。故渔者歌曰："巴东三峡巫峡长，猿鸣三声泪沾裳。"

马 说

〔唐〕韩 愈

世有伯乐，然后有千里马。千里马常有，而伯乐不常有。故虽有名马，祇辱于奴隶人之手，骈死于槽枥之间，不以千里称也。

马之千里者，一食或尽粟一石。食马者不知其能千里而食也。是马也，虽有千里之能，食不饱，力不足，才美不外见，且欲与常马等不可得，安求其能千里也？

策之不以其道，食之不能尽其材，鸣之而不能通其意，执策而临之，曰："天下无马！"鸣

造化钟神秀，阴阳割昏晓。

荡胸生曾云，决眦入归鸟。

会当凌绝顶，一览众山小。

春望

〔唐〕杜　甫

国破山河在，城春草木深。

感时花溅泪，恨别鸟惊心。

烽火连三月，家书抵万金。

白头搔更短，浑欲不胜簪。

赠从弟（其二）

〔东汉〕刘　桢

亭亭山上松，瑟瑟谷中风。

风声一何盛，松枝一何劲。

冰霜正惨凄，终岁常端正。

岂不罹凝寒，松柏有本性。

梁甫行

〔三国·魏〕曹　植

八方各异气，千里殊风雨。

剧哉边海民，寄身于草野。

妻子象禽兽，行止依林阻。

还家，设酒杀鸡作食。村中闻有此人，咸来问讯。自云先世避秦时乱，率妻子邑人来此绝境，不复出焉，遂与外人间隔。问今是何世，乃不知有汉，无论魏晋。此人一一为具言所闻，皆叹惋。余人各复延至其家，皆出酒食。停数日，辞去。此中人语云："不足为外人道也。"

既出，得其船，便扶向路，处处志之。及郡下，诣太守，说如此。太守即遣人随其往，寻向所志，遂迷，不复得路。

答谢中书书

〔南朝〕陶弘景

山川之美，古来共谈。高峰入云，清流见底。两岸石壁，五色交辉。青林翠竹，四时俱备。晓雾将歇，猿鸟乱鸣；夕日欲颓，沉鳞竞跃。实是欲界之仙都。自康乐以来，未复有能与其奇者。

三 峡

〔北魏〕郦道元

自三峡七百里中，两岸连山，略无阙处。重岩叠嶂，隐天蔽日，自非亭午夜分，不见曦月。

柴门何萧条,狐兔翔我宇。

月夜忆舍弟

〔唐〕杜 甫

戍鼓断人行,边秋一雁声。

露从今夜白,月是故乡明。

有弟皆分散,无家问死生。

寄书长不达,况乃未休兵。

别云间

〔明〕夏完淳

三年羁旅客,今日又南冠。

无限山河泪,谁言天地宽。

已知泉路近,欲别故乡难。

毅魄归来日,灵旗空际看。

望洞庭湖赠张丞相

〔唐〕孟浩然

八月湖水平,涵虚混太清。

气蒸云梦泽,波撼岳阳城。

欲济无舟楫,端居耻圣明。

坐观垂钓者,徒有羡鱼情。

命以来，夙夜忧叹，恐托付不效，以伤先帝之明，故五月渡泸，深入不毛。今南方已定，兵甲已足，当奖率三军，北定中原，庶竭驽钝，攘除奸凶，兴复汉室，还于旧都。此臣所以报先帝而忠陛下之职分也。至于斟酌损益，进尽忠言，则攸之、祎、允之任也。

愿陛下托臣以讨贼兴复之效，不效，则治臣之罪，以告先帝之灵。若无兴德之言，则责攸之、祎、允等之慢，以彰其咎。陛下亦宜自谋，以咨诹善道，察纳雅言，深追先帝遗诏。臣不胜受恩感激。

桃花源记(节选)

〔东晋〕陶渊明

林尽水源，便得一山。山有小口，仿佛若有光。便舍船，从口入。初极狭，才通人。复行数十步，豁然开朗。土地平旷，屋舍俨然，有良田、美池、桑竹之属。阡陌交通，鸡犬相闻。其中往来种作，男女衣着，悉如外人。黄发垂髫，并怡然自乐。

见渔人，乃大惊，问所从来。具答之。便要

题破山寺后禅院

〔唐〕常 建

清	晨	入	古	寺	初	日	照	高	林
曲	径	通	幽	处	禅	房	花	木	深
山	光	悦	鸟	性	潭	影	空	人	心
万	籁	此	都	寂	但	余	钟	磬	音

送友人

〔唐〕李 白

青	山	横	北	郭	白	水	绕	东	城
此	地	一	为	别	孤	蓬	万	里	征
浮	云	游	子	意	落	日	故	人	情
挥	手	自	兹	去	萧	萧	班	马	鸣

商山早行

〔唐〕温庭筠

晨	起	动	征	铎	客	行	悲	故	乡
鸡	声	茅	店	月	人	迹	板	桥	霜
槲	叶	落	山	路	枳	花	明	驿	墙
因	思	杜	陵	梦	凫	雁	满	回	塘

饮 酒 (其五)

〔东晋〕陶渊明

| 结 | 庐 | 在 | 人 | 境 | 而 | 无 | 车 | 马 | 喧 |

人之过者，受上赏；上书谏寡人者，受中赏；能谤讥于市朝，闻寡人之耳者，受下赏。"令初下，群臣进谏，门庭若市；数月之后，时时而间进；期年之后，虽欲言，无可进者。燕、赵、韩、魏闻之，皆朝于齐。此所谓战胜于朝廷。

出师表（节选）

〔三国〕诸葛亮

亲贤臣，远小人，此先汉所以兴隆也；亲小人，远贤臣，此后汉所以倾颓也。先帝在时，每与臣论此事，未尝不叹息痛恨于桓、灵也。侍中、尚书、长史、参军，此悉贞良死节之臣，愿陛下亲之信之，则汉室之隆，可计日而待也。

臣本布衣，躬耕于南阳，苟全性命于乱世，不求闻达于诸侯。先帝不以臣卑鄙，猥自枉屈，三顾臣于草庐之中，咨臣以当世之事，由是感激，遂许先帝以驱驰。后值倾覆，受任于败军之际，奉命于危难之间，尔来二十有一年矣。

先帝知臣谨慎，故临崩寄臣以大事也。受

问君何能尔，心远地自偏。

采菊东篱下，悠然见南山。

山气日夕佳，飞鸟相与还。

此中有真意，欲辨已忘言。

终南别业

〔唐〕王 维

中岁颇好道，晚家南山陲。

兴来每独往，胜事空自知。

行到水穷处，坐看云起时。

偶然值林叟，谈笑无还期。

野 望

〔唐〕王 绩

东皋薄暮望，徙倚欲何依。

树树皆秋色，山山唯落晖。

牧人驱犊返，猎马带禽归。

相顾无相识，长歌怀采薇。

渡荆门送别

〔唐〕李 白

渡远荆门外，来从楚国游。

山随平野尽，江入大荒流。

半"，其此之谓乎！

邹忌讽齐王纳谏

《战国策》

邹忌修八尺有余，而形貌昳丽。朝服衣冠，窥镜，谓其妻曰："我孰与城北徐公美？"其妻曰："君美甚，徐公何能及君也？"城北徐公，齐国之美丽者也。忌不自信，而复问其妾曰："吾孰与徐公美？"妾曰："徐公何能及君也？"旦日，客从外来，与坐谈，问之客曰："吾与徐公孰美？"客曰："徐公不若君之美也。"明日徐公来，孰视之，自以为不如；窥镜而自视，又弗如远甚。暮寝而思之，曰："吾妻之美我者，私我也；妾之美我者，畏我也；客之美我者，欲有求于我也。"

于是入朝见威王，曰："臣诚知不如徐公美。臣之妻私臣，臣之妾畏臣，臣之客欲有求于臣，皆以美于徐公。今齐地方千里，百二十城，宫妇左右莫不私王，朝廷之臣莫不畏王，四境之内莫不有求于王：由此观之，王之蔽甚矣。"

王曰："善。"乃下令："群臣吏民能面刺寡

月下飞天镜，云生结海楼。

仍怜故乡水，万里送行舟。

南安军

〔宋〕文天祥

梅花南北路，风雨湿征衣。

出岭同谁出，归乡如此归！

山河千古在，城郭一时非。

饿死真吾志，梦中行采薇。

庭中有奇树

《古诗十九首》

庭中有奇树，绿叶发华滋。

攀条折其荣，将以遗所思。

馨香盈怀袖，路远莫致之。

此物何足贵，但感别经时。

十五从军征

《乐府诗集》

十五从军征，八十始得归。道逢

乡里人："家中有阿谁？""遥看是君家，松

柏冢累累。"兔从狗窦入，雉从梁上飞。

中庭生旅谷，井上生旅葵。舂谷持作

人恒过，然后能改；困于心，衡于虑，而后作；征于色，发于声，而后喻。入则无法家拂士，出则无敌国外患者，国恒亡。然后知生于忧患而死于安乐也。

北冥有鱼

《庄子》

北冥有鱼，其名为鲲。鲲之大，不知其几千里也；化而为鸟，其名为鹏。鹏之背，不知其几千里也；怒而飞，其翼若垂天之云。是鸟也，海运则将徙于南冥。南冥者，天池也。《齐谐》者，志怪者也。《谐》之言曰："鹏之徙于南冥也，水击三千里，抟扶摇而上者九万里，去以六月息者也"。野马也，尘埃也，生物之以息相吹也。天之苍苍，其正色邪？其远而无所至极邪？其视下也，亦若是则已矣。

虽有嘉肴

《礼记》

虽有嘉肴，弗食，不知其旨也；虽有至道，弗学，不知其善也。是故学然后知不足，教然后知困。知不足，然后能自反也；知困，然后能自强也。故曰：教学相长也。《兑命》曰"学学

饭，采葵持作羹。羹饭一时熟，不知饴

阿谁。出门东向看，泪落沾我衣。

望天门山

〔唐〕李 白

天门中断楚江开，碧水东流至此回。

两岸青山相对出，孤帆一片日边来。

三衢道中

〔宋〕曾 几

梅子黄时日日晴，小溪泛尽却山行。

绿阴不减来时路，添得黄鹂四五声。

长沙过贾谊宅

〔唐〕刘长卿

三年谪宦此栖迟，万古惟留楚客悲。

秋草独寻人去后，寒林空见日斜时。

汉文有道恩犹薄，湘水无情吊岂知？

寂寂江山摇落处，怜君何事到天涯！

咸阳城东楼

〔唐〕许 浑

一上高城万里愁，蒹葭杨柳似汀洲。

溪云初起日沉阁，山雨欲来风满楼。

鸟下绿芜秦苑夕，蝉鸣黄叶汉宫秋。

之；乡为身死而不受，今为妻妾之奉为之；乡为身死而不受，今为所识穷乏者得我而为之：是亦不可以已乎？此之谓失其本心。

富贵不能淫(节选)

《孟子》

孟子曰："是焉得为大丈夫乎？子未学礼乎？丈夫之冠也，父命之；女子之嫁也，母命之，往送之门，戒之曰：'往之女家，必敬必戒，无违夫子'以顺为正者，妾妇之道也。居天下之广居，立天下之正位，行天下之大道。得志，与民由之；不得志，独行其道。富贵不能淫，贫贱不能移，威武不能屈。此之谓大丈夫。"

生于忧患，死于安乐

《孟子》

舜发于畎亩之中，傅说举于版筑之间，胶鬲举于鱼盐之中，管夷吾举于士，孙叔敖举于海，百里奚举于市。故天将降大任于是人也，必先苦其心志，劳其筋骨，饿其体肤，空乏其身，行拂乱其所为，所以动心忍性，曾益其所不能。

行人莫问当年事，故国东来渭水流。

木兰诗（节选）

《乐府诗集》

唧唧复唧唧，木兰当户织。不闻机杼声，唯闻女叹息。

问女何所思，问女何所忆。女亦无所思，女亦无所忆。昨夜见军帖，可汗大点兵，军书十二卷，卷卷有爷名。阿爷无大儿，木兰无长兄，愿为市鞍马，从此替爷征。

东市买骏马，西市买鞍鞯，南市买辔头，北市买长鞭。旦辞爷娘去，暮宿黄河边，不闻爷娘唤女声，但闻黄河流水鸣溅溅。旦辞黄河去，暮至黑山头，不闻爷娘唤女声，但闻燕山胡骑鸣啾啾。

从军行

〔唐〕王昌龄

青海长云暗雪山，孤城遥望玉门关。

作气，再而衰，三而竭。彼竭我盈，故克之。夫大国，难测也，惧有伏焉。吾视其辙乱，望其旗靡，故逐之。"

鱼我所欲也

鱼，我所欲也；熊掌，亦我所欲也。二者不可得兼，舍鱼而取熊掌者也。生，亦我所欲也；义，亦我所欲也。二者不可得兼，舍生而取义者也。生亦我所欲，所欲有甚于生者，故不为苟得也；死亦我所恶，所恶有甚于死者，故患有所不辟也。如使人之所欲莫甚于生，则凡可以得生者何不用也？使人之所恶莫甚于死者，则凡可以辟患者何不为也？由是则生而有不用也，由是则可以辟患而有不为也。是故所欲有甚于生者，所恶有甚于死者。非独贤者有是心也，人皆有之，贤者能勿丧耳。

一箪食，一豆羹，得之则生，弗得则死。呼尔而与之，行道之人弗受；蹴尔而与之，乞人不屑也。万钟则不辨礼义而受之，万钟于我何加焉！为宫室之美、妻妾之奉、所识穷乏者得我与？乡为身死而不受，今为宫室之美为

黄沙百战穿金甲，不破楼兰终不还。

竹石

〔清〕郑燮

咬定青山不放松，立根原在破岩中。

千磨万击还坚劲，任尔东西南北风。

己亥杂诗

〔清〕龚自珍

九州生气恃风雷，万马齐喑究可哀。

我劝天公重抖擞，不拘一格降人材。

竹枝词（其一）

〔唐〕刘禹锡

杨柳青青江水平，闻郎江上唱歌声。

东边日出西边雨，道是无晴却有晴。

惠崇春江晚景

〔宋〕苏轼

竹外桃花三两枝，春江水暖鸭先知。

蒌蒿满地芦芽短，正是河豚欲上时。

寒食

〔唐〕韩翃

春城无处不飞花，寒食东风御柳斜。

日暮汉宫传蜡烛，轻烟散入五侯家。

之，其不善者而改之。"

(《述而》)

子在川上曰："逝者如斯夫，不舍昼夜。"

(《子罕》)

子曰："三军可夺帅也，匹夫不可夺志也。"

(《子罕》)

子夏曰："博学而笃志，切问而近思，仁在其中矣。"

(《子张》)

曹刿论战

《左传》

十年春，齐师伐我。公将战，曹刿请见。其乡人曰："肉食者谋之，又何间焉？"刿曰："肉食者鄙，未能远谋。"乃入见。问："何以战？"公曰："衣食所安，弗敢专也，必以分人。"对曰："小惠未遍，民弗从也。"公曰："牺牲玉帛，弗敢加也，必以信。"对曰："小信未孚，神弗福也。"公曰："小大之狱，虽不能察，必以情。"对曰："忠之属也。可以一战。战则请从。"

公与之乘，战于长勺。公将鼓之。刿曰："未可。"齐人三鼓。刿曰："可矣。"齐师败绩。公将驰之。刿曰："未可。"下视其辙，登轼而望之，曰："可矣。"遂逐齐师。

既克，公问其故。对曰："夫战，勇气也。一鼓

滁州西涧

〔唐〕韦应物

独怜幽草涧边生，上有黄鹂深树鸣。
春潮带雨晚来急，野渡无人舟自横。

枫桥夜泊

〔唐〕张 继

月落乌啼霜满天，江枫渔火对愁眠。
姑苏城外寒山寺，夜半钟声到客船。

出 塞

〔唐〕王昌龄

秦时明月汉时关，万里长征人未还。
但使龙城飞将在，不教胡马度阴山。

示 儿

〔宋〕陆 游

死去元知万事空，但悲不见九州同。
王师北定中原日，家祭无忘告乃翁。

题临安邸

〔宋〕林 升

山外青山楼外楼，西湖歌舞几时休？
暖风熏得游人醉，直把杭州作汴州。

六月二十七日望湖楼醉书

〔宋〕苏 轼

黑云翻墨未遮山，白雨跳珠乱入船。

古 文

《论语》十二章

子曰："学而时习之，不亦说乎？有朋自远方来，不亦乐乎？人不知而不愠，不亦君子乎？"

(《学而》)

曾子曰："吾日三省吾身：为人谋而不忠乎？与朋友交而不信乎？传不习乎？"

(《学而》)

子曰："吾十有五而志于学，三十而立，四十而不惑，五十而知天命，六十而耳顺，七十而从心所欲，不逾矩。"

(《为政》)

子曰："温故而知新，可以为师矣。"

(《为政》)

子曰："学而不思则罔，思而不学则殆。"

(《为政》)

子曰："贤哉，回也！一箪食，一瓢饮，在陋巷，人不堪其忧，回也不改其乐。贤哉，回也！"

(《雍也》)

子曰："知之者不如好之者，好之者不如乐之者。"

(《雍也》)

子曰："饭疏食，饮水，曲肱而枕之，乐亦在其中矣。不义而富且贵，于我如浮云。"

(《述而》)

子曰："三人行，必有我师焉。择其善者而从

卷 地 风 来 忽 吹 散, 望 湖 楼 下 水 如 天。

墨 梅

〔元〕王 冕

我 家 洗 砚 池 头 树, 朵 朵 花 开 淡 墨 痕。

不 要 人 夸 好 颜 色, 只 留 清 气 满 乾 坤。

书湖阴先生壁

〔宋〕王安石

茅 檐 长 扫 净 无 苔, 花 木 成 畦 手 自 栽。

一 水 护 田 将 绿 绕, 两 山 排 闼 送 青 来。

晓出净慈寺送林子方

〔宋〕杨万里

毕 竟 西 湖 六 月 中, 风 光 不 与 四 时 同。

接 天 莲 叶 无 穷 碧, 映 日 荷 花 别 样 红。

赠花卿

〔唐〕杜 甫

锦 城 丝 管 日 纷 纷, 半 入 江 风 半 入 云。

此 曲 只 应 天 上 有, 人 间 能 得 几 回 闻?

早春呈水部张十八员外

〔唐〕韩 愈

天 街 小 雨 润 如 酥, 草 色 遥 看 近 却 无。

最 是 一 年 春 好 处, 绝 胜 烟 柳 满 皇 都。

西都，意踌躇。伤心秦汉经行处，宫阙万间都做了土。兴，百姓苦；亡，百姓苦。

朝天子·咏喇叭

〔明〕王磐

喇叭，唢呐，曲儿小腔儿大。官船来往乱如麻，全仗你抬声价。军听了军愁，民听了民怕。哪里去辨甚么真共假？眼见的吹翻了这家，吹伤了那家，只吹的水尽鹅飞罢！

太常引·建康中秋夜为吕叔潜赋

〔宋〕辛弃疾

一轮秋影转金波，飞镜又重磨。把酒问姮娥：被白发，欺人奈何？ 乘风好去，长空万里，直下看山河。斫去桂婆娑，人道是，清光更多。

山坡羊·骊山怀古

〔元〕张养浩

骊山四顾，阿房一炬，当时奢侈今何处？只见草萧疏，水萦纡。至今遗恨迷烟树。列国周齐秦汉楚。赢，都变做了土；输，都变做了土。

◎ 理解性默写

马致远在《天净沙·秋思》中借景抒情，表达羁旅之思的句子是："_____，_____。"

夕阳西下／断肠人在天涯

赤 壁

〔唐〕杜 牧

折戟沉沙铁未销，自将磨洗认前朝。
东风不与周郎便，铜雀春深锁二乔。

泊秦淮

〔唐〕杜 牧

烟笼寒水月笼沙，夜泊秦淮近酒家。
商女不知亡国恨，隔江犹唱后庭花。

夜雨寄北

〔唐〕李商隐

君问归期未有期，巴山夜雨涨秋池。
何当共剪西窗烛，却话巴山夜雨时。

登飞来峰

〔宋〕王安石

飞来山上千寻塔，闻说鸡鸣见日升。
不畏浮云遮望眼，自缘身在最高层。

闻王昌龄左迁龙标遥有此寄

〔唐〕李 白

杨花落尽子规啼，闻道龙标过五溪。
我寄愁心与明月，随君直到夜郎西。

峨眉山月歌

〔唐〕李 白

峨眉山月半轮秋，影入平羌江水流

月去无声。杏花疏影里，吹笛到天明。　二十余年如一梦，此身虽在堪惊。闲登小阁看新晴。古今多少事，渔唱起三更。

浣溪沙

〔清〕纳兰性德

身向云山那畔行，北风吹断马嘶声，深秋远塞若为情！　一抹晚烟荒戍垒，半竿斜日旧关城。古今幽恨几时平！

满江红

〔清〕秋　瑾

小住京华，早又是中秋佳节。为篱下黄花开遍，秋容如拭。四面歌残终破楚，八年风味徒思浙。苦将侬强派作蛾眉，殊未屑！　身不得，男儿列，心却比，男儿烈。算平生肝胆，因人常热。俗子胸襟谁识我？英雄末路当磨折。莽红尘何处觅知音？青衫湿！

天净沙·秋思

〔元〕马致远

枯藤老树昏鸦，小桥流水人家，古道西风瘦马。夕阳西下，断肠人在天涯。

山坡羊·潼关怀古

〔元〕张养浩

峰峦如聚，波涛如怒，山河表里潼关路。望

夜发清溪向三峡，思君不见下渝州。

江南逢李龟年

〔唐〕杜 甫

岐王宅里寻常见，崔九堂前几度闻。

正是江南好风景，落花时节又逢君。

夜上受降城闻笛

〔唐〕李 益

回乐烽前沙似雪，受降城外月如霜。

不知何处吹芦管，一夜征人尽望乡。

秋 词（其一）

〔唐〕刘禹锡

自古逢秋悲寂寥，我言秋日胜春朝。

晴空一鹤排云上，便引诗情到碧霄。

十一月四日风雨大作（其二）

〔宋〕陆 游

僵卧孤村不自哀，尚思为国戍轮台。

夜阑卧听风吹雨，铁马冰河入梦来。

潼 关

〔清〕谭嗣同

终古高云簇此城，秋风吹散马蹄声。

河流大野犹嫌束，山入潼关不解平。

定风波

〔宋〕苏 轼

莫听穿林打叶声，何妨吟啸且徐行。竹杖芒鞋轻胜马，谁怕？一蓑烟雨任平生。 料峭春风吹酒醒，微冷，山头斜照却相迎。回首向来萧瑟处，归去，也无风雨也无晴。

丑奴儿·书博山道中壁

〔宋〕辛弃疾

少年不识愁滋味，爱上层楼。爱上层楼，为赋新词强说愁。 而今识尽愁滋味，欲说还休。欲说还休，却道"天凉好个秋"！

相见欢

〔宋〕朱敦儒

金陵城上西楼，倚清秋。万里夕阳垂地大江流。 中原乱，簪缨散，几时收？试倩悲风吹泪过扬州。

卜算子·黄州定慧院寓居作

〔宋〕苏 轼

缺月挂疏桐，漏断人初静。谁见幽人独往来，缥缈孤鸿影。 惊起却回头，有恨无人省。拣尽寒枝不肯栖，寂寞沙洲冷。

临江仙·夜登小阁，忆洛中旧游

〔宋〕陈与义

忆昔午桥桥上饮，坐中多是豪英。长沟流

春夜洛城闻笛

〔唐〕李 白

| 谁 | 家 | 玉 | 笛 | 暗 | 飞 | 声 | 散 | 入 | 春 | 风 | 满 | 洛 | 城 |
| 此 | 夜 | 曲 | 中 | 闻 | 折 | 柳 | 何 | 人 | 不 | 起 | 故 | 园 | 情 |

逢入京使

〔唐〕岑 参

| 故 | 园 | 东 | 望 | 路 | 漫 | 漫 | 双 | 袖 | 龙 | 钟 | 泪 | 不 | 干 |
| 马 | 上 | 相 | 逢 | 无 | 纸 | 笔 | 凭 | 君 | 传 | 语 | 报 | 平 | 安 |

晚 春

〔唐〕韩 愈

| 草 | 树 | 知 | 春 | 不 | 久 | 归 | 百 | 般 | 红 | 紫 | 斗 | 芳 | 菲 |
| 杨 | 花 | 榆 | 荚 | 无 | 才 | 思 | 惟 | 解 | 漫 | 天 | 作 | 雪 | 飞 |

贾 生

〔唐〕李商隐

| 宣 | 室 | 求 | 贤 | 访 | 逐 | 臣 | 贾 | 生 | 才 | 调 | 更 | 无 | 伦 |
| 可 | 怜 | 夜 | 半 | 虚 | 前 | 席 | 不 | 问 | 苍 | 生 | 问 | 鬼 | 神 |

过松源晨炊漆公店(其五)

〔宋〕杨万里

| 莫 | 言 | 下 | 岭 | 便 | 无 | 难 | 赚 | 得 | 行 | 人 | 错 | 喜 | 欢 |
| 政 | 入 | 万 | 山 | 围 | 子 | 里 | 一 | 山 | 放 | 出 | 一 | 山 | 拦 |

约 客

〔宋〕赵师秀

| 黄 | 梅 | 时 | 节 | 家 | 家 | 雨 | 青 | 草 | 池 | 塘 | 处 | 处 | 蛙 |

生子当如孙仲谋。

破阵子·为陈同甫赋壮词以寄之

〔宋〕辛弃疾

醉里挑灯看剑，梦回吹角连营。八百里分麾下炙，五十弦翻塞外声，沙场秋点兵。　马作的卢飞快，弓如霹雳弦惊。了却君王天下事，赢得生前身后名。可怜白发生！

采桑子

〔宋〕欧阳修

轻舟短棹西湖好，绿水逶迤。芳草长堤，隐隐笙歌处处随。　无风水面琉璃滑，不觉船移。微动涟漪，惊起沙禽掠岸飞。

如梦令

〔宋〕李清照

常记溪亭日暮，沉醉不知归路。兴尽晚回舟，误入藕花深处。争渡，争渡，惊起一滩鸥鹭。

卜算子·咏梅

〔宋〕陆游

驿外断桥边，寂寞开无主。已是黄昏独自愁，更着风和雨。　无意苦争春，一任群芳妒。零落成泥碾作尘，只有香如故。

有约不来过夜半，闲敲棋子落灯花。

月 夜

〔唐〕刘方平

更深月色半人家，北斗阑干南斗斜。

今夜偏知春气暖，虫声新透绿窗纱。

乌衣巷

〔唐〕刘禹锡

朱雀桥边野草花，乌衣巷口夕阳斜。

旧时王谢堂前燕，飞入寻常百姓家。

己亥杂诗

〔清〕龚自珍

浩荡离愁白日斜，吟鞭东指即天涯。

落红不是无情物，化作春泥更护花。

钱塘湖春行

〔唐〕白居易

孤山寺北贾亭西，水面初平云脚低。

几处早莺争暖树，谁家新燕啄春泥。

乱花渐欲迷人眼，浅草才能没马蹄。

最爱湖东行不足，绿杨阴里白沙堤。

雁门太守行

〔唐〕李 贺

黑云压城城欲摧，甲光向日金鳞开。

看孙郎。 酒酣胸胆尚开张。鬓微霜，又何妨！持节云中，何日遣冯唐？会挽雕弓如满月，西北望，射天狼。

水调歌头
〔宋〕苏 轼

明月几时有？把酒问青天。不知天上宫阙，今夕是何年。我欲乘风归去，又恐琼楼玉宇，高处不胜寒。起舞弄清影，何似在人间。 转朱阁，低绮户，照无眠。不应有恨，何事长向别时圆？人有悲欢离合，月有阴晴圆缺，此事古难全。但愿人长久，千里共婵娟。

渔家傲
〔宋〕李清照

天接云涛连晓雾，星河欲转千帆舞。仿佛梦魂归帝所，闻天语，殷勤问我归何处。 我报路长嗟日暮，学诗谩有惊人句。九万里风鹏正举。风休住，蓬舟吹取三山去！

南乡子·登京口北固亭有怀
〔宋〕辛弃疾

何处望神州？满眼风光北固楼。千古兴亡多少事？悠悠。不尽长江滚滚流。 年少万兜鍪，坐断东南战未休。天下英雄谁敌手？曹刘。

角声满天秋色里，塞上燕脂凝夜紫。

半卷红旗临易水，霜重鼓寒声不起。

报君黄金台上意，提携玉龙为君死。

无题

〔唐〕李商隐

相见时难别亦难，东风无力百花残。

春蚕到死丝方尽，蜡炬成灰泪始干。

晓镜但愁云鬓改，夜吟应觉月光寒。

蓬山此去无多路，青鸟殷勤为探看。

黄鹤楼

〔唐〕崔颢

昔人已乘黄鹤去，此地空余黄鹤楼。

黄鹤一去不复返，白云千载空悠悠。

晴川历历汉阳树，芳草萋萋鹦鹉洲。

日暮乡关何处是，烟波江上使人愁。

酬乐天扬州初逢席上见赠

〔唐〕刘禹锡

巴山楚水凄凉地，二十三年弃置身。

怀旧空吟闻笛赋，到乡翻似烂柯人。

沉舟侧畔千帆过，病树前头万木春。

词 曲

行香子
〔宋〕秦 观

树绕村庄，水满陂塘。倚东风，豪兴徜徉。小园几许，收尽春光。有桃花红，李花白，菜花黄。 远远围墙，隐隐茅堂。飏青旗，流水桥旁。偶然乘兴，步过东冈。正莺儿啼，燕儿舞，蝶儿忙。

渔家傲·秋思
〔宋〕范仲淹

塞下秋来风景异，衡阳雁去无留意。四面边声连角起，千嶂里，长烟落日孤城闭。浊酒一杯家万里，燕然未勒归无计。羌管悠悠霜满地，人不寐，将军白发征夫泪。

浣溪沙
〔宋〕晏 殊

一曲新词酒一杯，去年天气旧亭台。夕阳西下几时回？ 无可奈何花落去，似曾相识燕归来。小园香径独徘徊。

江城子·密州出猎
〔宋〕苏 轼

老夫聊发少年狂，左牵黄，右擎苍，锦帽貂裘，千骑卷平冈。为报倾城随太守，亲射虎，

今日听君歌一曲暂凭杯酒长精神。

游山西村

〔宋〕陆 游

莫笑农家腊酒浑丰年留客足鸡豚。
山重水复疑无路柳暗花明又一村。
箫鼓追随春社近衣冠简朴古风存。
从今若许闲乘月拄杖无时夜叩门。

过零丁洋

〔宋〕文天祥

辛苦遭逢起一经干戈寥落四周星。
山河破碎风飘絮身世浮沉雨打萍。
惶恐滩头说惶恐零丁洋里叹零丁。
人生自古谁无死留取丹心照汗青。

登 楼

〔唐〕杜 甫

花近高楼伤客心万方多难此登临。
锦江春色来天地玉垒浮云变古今。
北极朝廷终不改西山寇盗莫相侵。
可怜后主还祠庙日暮聊为《梁甫吟》。

白雪歌送武判官归京

〔唐〕岑 参

北风卷地白草折，胡天八月即飞雪。忽如一夜春风来，千树万树梨花开。散入珠帘湿罗幕，狐裘不暖锦衾薄。将军角弓不得控，都护铁衣冷难着。瀚海阑干百丈冰，愁云惨淡万里凝。中军置酒饮归客，胡琴琵琶与羌笛。纷纷暮雪下辕门，风掣红旗冻不翻。轮台东门送君去，去时雪满天山路。山回路转不见君，雪上空留马行处。

卖炭翁

〔唐〕白居易

卖炭翁，伐薪烧炭南山中。满面尘灰烟火色，两鬓苍苍十指黑。卖炭得钱何所营？身上衣裳口中食。可怜身上衣正单，心忧炭贱愿天寒。夜来城外一尺雪，晓驾炭车辗冰辙。牛困人饥日已高，市南门外泥中歇。

翩翩两骑来是谁？黄衣使者白衫儿。手把文书口称敕，回车叱牛牵向北。一车炭，千余斤，宫使驱将惜不得。半匹红纱一丈绫，系向牛头充炭直。

行路难（其一）

〔唐〕李 白

金樽清酒斗十千，玉盘珍羞直万钱。
停杯投箸不能食，拔剑四顾心茫然。
欲渡黄河冰塞川，将登太行雪满山。
闲来垂钓碧溪上，忽复乘舟梦日边。
行路难，行路难，多歧路，今安在？
长风破浪会有时，直挂云帆济沧海。

望月有感

〔唐〕白居易

时难年荒世业空，弟兄羁旅各西东。
田园寥落干戈后，骨肉流离道路中。
吊影分为千里雁，辞根散作九秋蓬。
共看明月应垂泪，一夜乡心五处同。

左迁至蓝关示侄孙湘

〔唐〕韩 愈

一封朝奏九重天，夕贬潮州路八千。
欲为圣明除弊事，肯将衰朽惜残年！
云横秦岭家何在，雪拥蓝关马不前。
知汝远来应有意，好收吾骨瘴江边。

宣州谢朓楼饯别校书叔云

〔唐〕李 白

弃我去者，昨日之日不可留；乱我心者，今日之日多烦忧。长风万里送秋雁，对此可以酣高楼。蓬莱文章建安骨，中间小谢又清发。俱怀逸兴壮思飞，欲上青天览明月。抽刀断水水更流，举杯消愁愁更愁。人生在世不称意，明朝散发弄扁舟。

茅屋为秋风所破歌

〔唐〕杜 甫

八月秋高风怒号，卷我屋上三重茅。茅飞渡江洒江郊，高者挂罥长林梢，下者飘转沉塘坳。南村群童欺我老无力，忍能对面为盗贼。公然抱茅入竹去，唇焦口燥呼不得，归来倚杖自叹息。俄顷风定云墨色，秋天漠漠向昏黑。布衾多年冷似铁，娇儿恶卧踏里裂。床头屋漏无干处，雨脚如麻未断绝。自经丧乱少睡眠，长夜沾湿何由彻！安得广厦千万间，大庇天下寒士俱欢颜！风雨不动安如山。呜呼！何时眼前突兀见此屋，吾庐独破受冻死亦足！

国破山河在城春草木深

感时花溅泪恨别鸟惊心

烽火连三月家书抵万金

白头搔更短浑欲不胜簪

唐杜甫诗春望 吴玉生

渡远荆门外来从楚国游

山随平野尽江入大荒流

月下飞天镜云生结海楼

仍怜故乡水万里送行舟

李白渡荆门送别 吴玉生

客路青山外行舟绿水前潮平两岸阔风正一帆悬海日生残夜江春入旧年乡书何处达归雁洛阳边

王湾诗一首 吴玉生

烽火照西京心中自不平牙璋辞凤阙铁骑绕龙城雪暗凋旗画风多杂鼓声宁为百夫长胜作一书生

杨炯从军行 吴玉生

醉里挑灯看剑，梦回吹角连营。八百里分麾下炙，五十弦翻塞外声。沙场秋点兵。

马作的卢飞快，弓如霹雳弦惊。了却君王天下事，赢得生前身后名。可怜白发生！

录宋代辛弃疾词《破阵子》 吴玉生书

飞来山上千寻塔，闻说鸡鸣见日升。不畏浮云遮望眼，自缘身在最高层。

自古逢秋悲寂寥，我言秋日胜春朝。晴空一鹤排云上，便引诗情到碧霄。

右录古诗二首 吴玉生

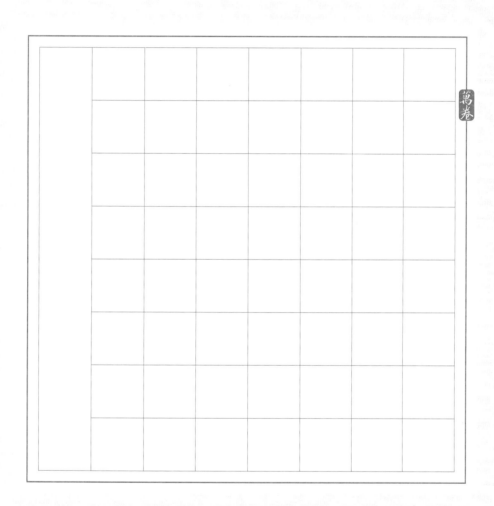

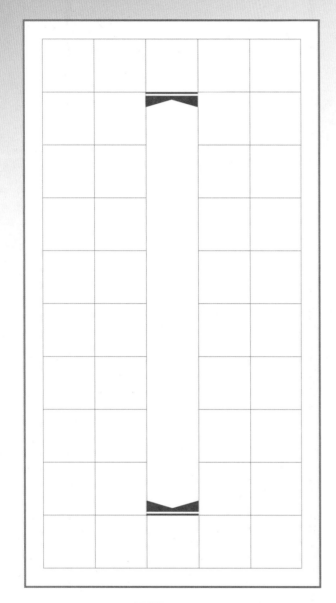

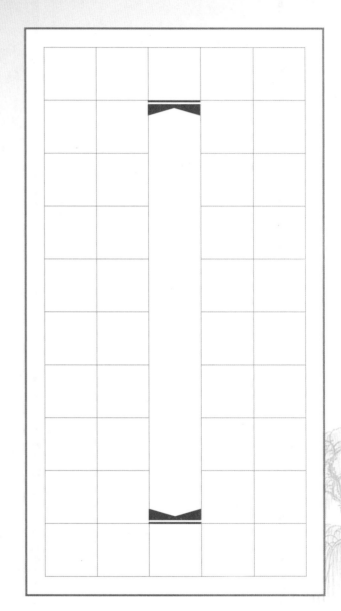